Zhongguo Wenhua
Zhishi Duben

中国文化知识读本

敦煌莫高窟

主编

金开诚

编著

高用华

吉林出版集团有限责任公司
吉林文史出版社

图书在版编目（CIP）数据

敦煌莫高窟/高用华编著.一长春：吉林出版集
团有限责任公司：吉林文史出版社，2009.12（2022.1重印）
（中国文化知识读本）
ISBN 978-7-5463-1992-6

Ⅰ.①敦… Ⅱ.①高… Ⅲ.①敦煌石窟－简介 Ⅳ.
①K879.214

中国版本图书馆CIP数据核字（2009）第237263号

敦煌莫高窟

DUNHUANG MOGAOKU

主编/金开诚　编著/高用华

责任编辑/曹恒　于涉　责任校对/樊庆辉

装帧设计/曹恒　摄影/金诚　图片整理/董昕瑜

出版发行/吉林文史出版社　吉林出版集团有限责任公司

地址/长春市人民大街4646号　邮编/130021

电话/0431-85618717　传真/0431-85618721

印刷/三河市金兆印刷装订有限公司

版次/2009年12月第1版　2022年1月第6次印刷

开本/650mm×960mm　1/16

印张/8　字数/30千

书号/ISBN 978-7-5463-1992-6

定价/34.80元

关于《中国文化知识读本》

　　文化是一种社会现象，是人类物质文明和精神文明有机融合的产物；同时又是一种历史现象，是社会的历史沉积。当今世界，随着经济全球化进程的加快，人们也越来越重视本民族的文化。我们只有加强对本民族文化的继承和创新，才能更好地弘扬民族精神，增强民族凝聚力。历史经验告诉我们，任何一个民族要想屹立于世界民族之林，必须具有自尊、自信、自强的民族意识。文化是维系一个民族生存和发展的强大动力。一个民族的存在依赖文化，文化的解体就是一个民族的消亡。

　　随着我国综合国力的日益强大，广大民众对重塑民族自尊心和自豪感的愿望日益迫切。作为民族大家庭中的一员，将源远流长、博大精深的中国文化继承并传播给广大群众，特别是青年一代，是我们出版人义不容辞的责任。

　　《中国文化知识读本》是由吉林出版集团有限责任公司和吉林文史出版社组织国内知名专家学者编写的一套旨在传播中华五千年优秀传统文化，提高全民文化修养的大型知识读本。该书在深入挖掘和整理中华优秀传统文化成果的同时，结合社会发展，注入了时代精神。书中优美生动的文字、简明通俗的语言、图文并茂的形式，把中国文化中的物态文化、制度文化、行为文化、精神文化等知识要点全面展示给读者。点点滴滴的文化知识仿佛繁星，组成了灿烂辉煌的中国文化的天穹。

　　希望本书能为弘扬中华五千年优秀传统文化、增强各民族团结、构建社会主义和谐社会尽一份绵薄之力，也坚信我们的中华民族一定能够早日实现伟大复兴！

目录

一 概述

公元前2世纪，汉武帝派张骞出使西域，打开了通向中亚、西亚的陆上交通"丝绸之路"。千百年来黄河弥漫的丝路之路记载中西文化交流和友好往来。而敦煌，地处丝路南北三路的分合点，当年曾是一座繁华的都会，贸易兴盛，寺院遍布。佛教从印度传入中国后，与中华传统文化融合，沿路留下了大量的石窟文化遗产，其中以莫高窟为主体的敦煌石窟规模最大，延续时间最长，内容最丰富，保存也最完好。

（一）敦煌的历史

历史上的敦煌，是月氏、乌孙、匈奴等民族集散的大舞台，是世界四大古老文

甘肃敦煌鸣沙山驼队

敦煌莫高窟

甘肃敦煌莫高窟石碑

明的集结地，著名学者季羡林曾经说过："世界上历史悠久、地域广阔、自成体系、影响深远的文化体系只有四个：中国、印度、希腊、伊斯兰，再没有第五个。而这四个文化体系汇流的地方只有一个，就是中国的敦煌和新疆地区，再没有第二个。"东汉地理学家应劭解释敦煌为："敦，大也；煌，盛也。"大和盛就是开拓和发达，概括了敦煌的历史地位和状况。

敦煌自西汉起即为西域重镇，"丝绸之路"的畅通也使得中国和中亚及西方诸国的商业、文化交流得以发展，佛教和佛教艺术

甘肃嘉峪关景色

即是循此路线，经敦煌传入中国的。西汉汉武帝正式设立敦煌郡后，下设玉门、阳关、中部、宜禾四个都尉，分别镇守敦煌境内的南北两条丝绸古道。此时的敦煌郡，拥有相当今日新疆东部边缘、敦煌市、安西、肃北、阿克塞等地，人口将近四万。

　　无论是西汉的张骞还是东汉的班超，汉代的丝绸之路都是从长安出发，一路向西延伸到敦煌，至少分开南北两条路，北道出玉门关，南道出阳关，通往西域各国。不管东来西往，敦煌都是必经之地。外国使节、僧侣、商贾，在这里等候签发通行证。有的停留在敦煌学习风土人情和汉语。

有的就在敦煌开店设市，将货物易手。而西去的使节、官吏、戍卒也要在此筹备粮草、熟悉西域语言，做好出国的各种准备工作。位处绿洲的敦煌正好款待东来西往的人们，无形中就成了东西方政治、经济、文化交流的中心，成了丝绸之路上最大的通商口岸和国际贸易市场。

三国时代，中西交流十分频繁，至唐代更为鼎盛，据说每天有早、中、晚三次集市，买卖十分兴隆。此时莫高窟壁画中出现了许多西域使者、商人、僧侣的形象，如45窟的《胡商遇盗图》。北魏、西魏和北周时，统治者崇信佛教，石窟建造得到王公贵族们的支持，发展较快。隋唐时期，随着丝绸之

博南古丝绸之路

敦煌莫高窟

路的繁荣，莫高窟更加兴盛，在武则天时更是发展到千余个洞窟。安史之乱后，敦煌先后由吐蕃和归义军占领，但造像活动未受太大影响。宋元以后，随着海上航道的发现和利用，陆上丝绸之路逐渐衰落。加之敦煌地区战乱频繁，几番衰落。到明正德十一年（1516年），明政府迁徙沙州百姓至肃州境内，划嘉峪关而守，敦煌被孤悬关外，旷无建置二百年，田园荒芜，作为国际大都市的敦煌从此式微。元朝以后，随着丝绸之路的废弃，莫高窟也停止了兴建并逐渐湮没于世人的视野中。

据统计，从十六国、北魏、西魏、北周、隋、唐、五代、宋、西夏、元、明到

敦煌莫高窟壁画

清朝的一千五百年间，三华里长的鸣沙山壁上，密密层层地建造了四百八十多个洞窟，布满了彩塑佛像和以佛教故事为题材的壁画四万五千多平方米。彩色佛像共有两千余身，最大的一个高达三十三米。壁画的技巧之高超、数量之惊人、内容之丰富，是当今世界上任何宗教石窟、寺院或宫殿都不能媲美的。如果一方方连接起来，可排成五十多华里长的画廊，是世界上最长、规模最大、内容最丰富的一个画廊。

踏入近代，随着敦煌藏经洞震惊中外的大发现，敦煌石窟艺术及文物价值获得高度认可及重视，敦煌学受国际学者重点研究，敦煌的人文、自然及文物景观又再次吸引四面八方的来客，敦煌在古丝绸之路上再度崛起。有人说，敦煌是多种文化融汇与撞击的交叉点，因为中国、印度、希腊、伊斯兰文化曾在这里碰撞出火花；有人说，敦煌是艺术的殿堂，理由来自那些4—11世纪的壁画和雕像；还有人说，敦煌是文献的宝库，这里蕴藏的数以万计的赤轴黄卷足以让世人惊叹。然而敦煌究竟是什么，恐怕只有来过这里的人才能真正的体会到。

（二）敦煌的战略地位

敦煌地处河西走廊的最西端，是中原

古丝绸之路雕塑

敦煌莫高窟

嘉峪关是古代丝绸之路的
交通要冲

通往西域乃至欧州的唯一通道，是古丝绸之
路的咽喉要地。在南朝被记为"华戎所交——
大都会"，确实是很准确的评价。自西汉张
骞出使西域后，即成为东西交通的枢纽，并
逐渐演化为印度犍陀罗文化、希腊文化和中
原文化三大文化的汇合地。

敦煌是古丝绸之路上的名城重镇，她在
历史上的地位，就相当于当今的香港、上海，
是一个现代化的国际大都会和重要的通商口
岸，在国际贸易、文化交流中起着其他城市
无法替代的重要作用。

公元前11世纪敦煌已有少数民族居住，
据《史记·大宛列传》记载，月氏族居于敦

玉门关位于敦煌西北，是汉时重要的军事关隘

煌与祁连之间，"敦煌"一名就从此明确见于史册之上。多少人曾经踏着文明的碎片，寻着丝绸之路的印迹来到这片地方。张骞出使西域以后，丝绸之路商贸往来逐渐繁盛，作为古代丝绸之路上中原进入西域的最后一个重镇，敦煌的地位可想而知。除了历史交通要道，由莫高窟、西千佛洞、安西榆林窟等六百余个石窟组成的敦煌石窟文化也是中国乃至世界的无价之宝。美国《时代周刊》曾经评价敦煌"是世界佛教题材的艺术聚集地"。五万多平方米的壁画，近三千身彩塑，加上各种已挖掘和未挖掘的地下墓葬，使得这里成了艺术家、史学家和考古学家们的"淘宝"之地。

十六国时期，敦煌先后归属于前凉、前秦、后凉、西凉和北凉五个政权。376年，前秦苻氏灭前凉张氏，并控制了河西地区，为了巩固西域的基地，苻坚在385年迁江汉百姓一万户及中原百姓七千余户到敦煌。大批中土百姓西迁，给敦煌土地开发和经济发展带来了生气。直到魏晋南北朝时期，中原战火纷飞，不少大族和有识之士纷纷迁居河西以避战乱，同时，中原的文化、学问都传到了西域，促使河西走廊的文化

得到前所未有的发展。这条中西交往的孔道，亦逐渐为人所熟悉。

前凉、西凉和北凉的统治者，都十分注重尊重、保护有识之士，为他们教授生徒和著书立说提供了良好的条件。敦煌效谷人宋纤就有受业弟子三千余人，还有一大批著名学者，如郭瑀、刘日丙、宋繇、张湛等。他们的某些著作曾传写到南朝，有些人则由北凉入北魏，为魏、周乃至隋、唐制度的形成与文化的发展作出了贡献。可见当时敦煌的汉文化已达相当的水平。

大概从汉末到魏晋时期，随着中原士族的到来和敦煌当地的文化水平日渐提高，

敦煌鸣沙山石刻

敦煌莫高窟

敦煌莫高窟

佛教很快就在这里传播开来。五凉的动乱、北魏与蒙古柔然的战争等，干戈四起，这也加速了佛教在敦煌民众间的流传和发展。

（三）敦煌莫高窟

相传 366 年，有位叫乐僔的僧人云游到鸣沙山东麓脚下，此时，太阳西斜，夕阳照射在对面的三危山上，他举目观看，忽然间他看见山顶上金光万道，仿佛有千万尊佛在金光中闪烁，又好像香音神在金光中飘舞。一心修行的乐僔被这奇妙的佛光影景象感动了，他认为这就是佛光显现，此地是佛祖的圣地。于是乐僔顶礼膜拜，决心在这里拜佛修行，便请来工匠，在悬崖峭壁上开凿了第一个洞窟。此后法良禅师等又继续在此建洞修禅，称为"漠高窟"，意为"沙漠的高处"。后世因"漠"与"莫"通用，便改称为"莫高窟"。

1.战乱中的净土

4世纪，中原战火不断，河西地区则相对安定；因此，从内地去的僧人在此开始了石窟的营建。

6世纪末，隋王朝的建立结束了长期的战乱和分裂，同时也加强了对西北的经营。由于隋朝的皇帝都崇奉佛教，所以尽管只有短短的三十七年，但莫高窟在数量和规模上都达到了非常可观的程度。唐代是中国封建社会的高峰期，也是中国历史

敦煌莫高窟牌坊

敦煌莫高窟

上文化交流最活跃的时期，莫高窟的营建也得到了飞速的发展，仅至武周圣历元年（698年），即已有"窟室一千余"。五代时期及宋代，河西地区相对稳定，当地统治者及僧、民又开凿了许多洞窟，并对前代洞窟进行了全面维修。西夏统治期间，几乎没有开凿洞窟，仅是对以前的石窟加以改建或修补。元代，密宗佛教盛行，所以期间开凿的石窟均带有密宗色彩。此后，由于"丝绸之路"的沉寂，敦煌失去了其重要地位，石窟的开凿也趋于停止。在吐鲁番统治时期（1516—1715年），莫高窟，尤其是窟内塑像，遭到了严重的破坏。20世纪初，帝国主义者的

敦煌莫高窟外景

敦煌莫高窟洞窟

巧取豪夺，使莫高窟又一次遭受了浩劫。

2. 洞窟的开凿

按照开凿时间划分，十六国及北朝初期是洞窟的开凿前期，保存至今的共有40窟，形制分为供僧人居住、修禅的禅窟，带中方柱的塔庙式窟和方形平面的佛堂式窟三种。窟顶前部为人字坡，并画出木结构和卷草形式；后部为平顶，也绘有木结构形式，并缀以飞天等图纹；四壁绘有表现佛教题材的壁画。这一时期的塑像，本尊以释迦牟尼佛和弥勒菩萨为主，组合一般是一佛、二菩萨；或一佛、二罗汉、二菩萨；一佛、二天王，也有个别是单独一躯佛或弥勒像的。佛像躯体健壮，面相丰满，鼻梁高隆直抵额际。佛像身着偏袒右肩式或通肩式土红色僧伽梨，但过分强调衣饰的装饰色彩，仅在细节上有一些现实性手法。虽然佛和菩萨都来自异域，而且造型比例及衣着等都有严格规定，但中国的雕塑工匠依然在尊重这些规定的基础上，结合自己的生活感受和审美情趣，将他们巧妙地本地化，使其在原有的犍陀罗艺术风采外，带有鲜明的中国文化特色，形成了中国式的佛教形象。

敦煌莫高窟佛像彩塑

在北朝后期，佛像的造型更加丰腴浑厚，面相圆润俊秀，修眉细目，面带微笑，相当人性化。由于莫高窟所在的鸣沙山属玉门系砾岩，极其粗松，便于开凿洞窟但不宜于雕造佛像，因此，泥塑在敦煌石窟中占主要地位，但形式上仍未摆脱洞窟石雕、摩岩造像的格式。此时期石窟的代表为第 267 － 271 窟、275 窟、259 窟、285 窟等。

隋唐时期，是敦煌艺术的鼎盛时期，开凿的洞窟数以千计，仅保存至今的就有 298 个。隋朝的洞窟，在形制上承袭了北朝的前后结构，但龛略深，置一佛、二罗汉（迦叶、阿难）、二菩萨，有的还有天王和力士

形象。由于龛室的加深，罗汉及菩萨像已经不再都是贴壁的"高浮雕"，而多是脱离壁面的"圆雕"了，尺寸也有所加大，造型更趋世俗化，但雕塑艺术中的立体造型手段尚未得以充分发挥。此时期的代表为第206窟。唐朝的洞窟多为正方覆斗状顶的殿堂式，后壁开一大龛，深宏如厅堂，中置须弥坛，上设佛像。塑像组群一般为一佛、二罗汉、二菩萨、二供养天、二天王（天王足下踏有小鬼）、二力士。佛居于中心位置，女性成分明显，体态丰腴，面容慈祥；头梳螺髻，手作说法印或无畏印，身着土红色通肩式袈裟，袒胸覆足，衣褶线条流畅优美，尤其是下摆褶纹生动刻画

敦煌莫高窟天王像

敦煌莫高窟

敦煌莫高窟迦叶、菩萨及天王像

出丝织袈裟的柔软光滑，并透露出衣饰下的肌体美，使塑像的内在与外涵得以完美统一，充分显现了唐代工匠的高超技艺。组群中的其他形象也各具特色：菩萨、供养天均为少女形象，温柔典雅，显得既妩媚艳丽又高贵、不容亵渎；罗汉像为一老一少，即迦叶和阿难，生活气息浓厚，形貌和性格特征显著多样；天王像孔武有力、盔甲严整，力士像凶猛暴烈、肌肉鼓突，都表现出一种力量的美。这些雕像虽然各有特色，但却准确地统一在一个鲜明的题材下，丝毫不显杂乱。此时期的雕像，普遍进行了彩色金箔妆銮，被称为"彩塑"，与周围斑斓的壁画一起，构成了奇妙的艺术场景。这时期的代表为第322、220、328、46、45、130、194、225、158等窟。

敦煌莫高窟窟群

　　自五代起，由于"丝绸之路"趋于冷落，敦煌地区的开窟造像活动也日渐冷落，而且在艺术水平上并无长足改进，甚至显得僵硬空虚。持续至明代，由于海上交通的发展，地处内陆的敦煌失去了往日的兴盛，开窟活动也终止了。

　　敦煌石窟系统地保存了从十六国到元代近千年间佛教塑像的发展序列，和敦煌壁画、敦煌文物一起形成了一门世界性的独立学科——敦煌学。因此，敦煌不仅是中国艺术的宝库，也是全人类文明的结晶

二　莫高窟的艺术特色

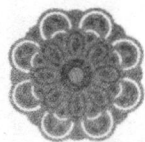

敦煌石窟艺术是集建筑、雕塑、绘画于一体的立体艺术。古代艺术家在继承中原汉民族和西域兄弟民族艺术优良传统的基础上，吸收、融合了外来的表现手法，创造了具有敦煌地方特色的中国民族风俗的佛教艺术品,为研究中国古代政治、经济、文化、宗教、民族关系、中外友好往来等提供珍贵资料，是人类文化的宝藏和精神财富。

莫高窟是一座融绘画、雕塑和建筑艺术于一体，以壁画为主、塑像为辅的大型石窟寺。这里的建筑风格以保存完好的五座唐宋木构窟檐和一些宋元土木古塔为标志性建筑。由于时代不同，石窟形制呈现

敦煌莫高窟壁画

敦煌莫高窟

出五种不同的特色，主要有：禅窟（即僧房）、塔庙窟（即中心窟）、殿堂窟、佛坛窟、大佛窟（即涅槃窟）。各窟大小相差甚远，最大的第16窟达268平方米，最小的第37窟高不盈尺。窟外原有木造殿宇，并有走廊、栈道等相连，当然，现在大多数已经因人为破坏和时代变迁而不存在了。

敦煌莫高窟菩萨与阿难像

　　其实从莫高窟完全可以看出，人们追捧敦煌和敦煌艺术还有另一个重要原因。敦煌艺术不仅是一部中西文化交流的历史，同样可以称为一部"佛教东传的历史"，它甚至从一个侧面反映出了中国古代社会发展的过程，成为一部留在戈壁上的"历史卷轴"。仔细观察可以发现，不同历史时期壁画存在的差异：隋唐以前的作品，人物体貌高大，身着羊肠裙的菩萨明显带有异域风情，体现佛教传入中国之初，尚未与中华文化完全融合的特征。而隋唐以来的作品，充分融入中土的风格，形成了中西合璧的艺术风格。很多人认为，用"海纳百川，有容乃大"来形容敦煌的艺术再贴切不过了。

　　如果按照敦煌研究院的报告型刊物《敦煌研究》的说法，敦煌壁画分类极细，主要可以分为佛像画、经变画、民族传统神话题

材、供养人画像、装饰图案画、故事画和
山水画七个大类。而这些壁画中最具代表
性，且被重复次数最多的造型当属"飞天"。

敦煌的飞天是印度文化、西域文化和中原
文化共同孕育成的。传说中，"飞天"是
侍奉佛陀和帝释天的神，能歌善舞。墙壁
之上，飞天在无边无际的茫茫宇宙中飘舞，
有的手捧莲蕾，直冲云霄；有的从空中俯
冲下来，势若流星；有的穿过重楼高阁，
宛如游龙；有的则随风悠悠漫卷。画家用
特有的蜿蜒曲折的长线、舒展和谐的意趣，
为人们打造了一个优美而空灵的想象世界。
炽热的色彩，流动的线条，在这些西北画

敦煌莫高窟320窟壁画"双飞天"

敦煌莫高窟

敦煌莫高窟是一座艺术的殿堂

师工匠们对理想天国热烈和动情的描绘里，轻易地就可以感受到他们在大漠荒原上纵骑狂奔的不竭激情，或许正是这种激情，才孕育出壁画中那样张扬的想象力。

（一）建筑艺术

1. 洞窟

保存有绘画、彩塑的洞窟中，有禅窟、殿堂窟、塔庙窟、穹隆顶窟、影窟等形制，还有一些佛塔。窟型最大者高40余米、宽30米见方，最小者高不足盈尺。早期石窟所保留下来的中心塔柱式这一外来形式的窟型，反映了古代艺术家在接受外来艺术的同时，加以消化、吸收，使它成为我国的民族形式。其中不少是现存古建筑的杰作。

2. 藏经洞

位于古丝绸之路河西走廊的莫高窟诸多洞窟中，最为驰名的首推藏经洞——第17窟。当你站在洞窟门前，望着这小小的石室，定会思绪万千。里面曾经堆置的5万卷震惊中外学术界的经卷、遗书，是什么时候、什么人、由于何种原因存放的？何时将洞门封住，轻松地抹上泥皮，绘上了壁画？

藏经洞是清光绪二十六年五月二十六日（1900年6月22日）由敦煌莫高窟主持王道士（王圆箓）发现的，王圆箓为了

右边小门为藏经洞入口

敦煌莫高窟

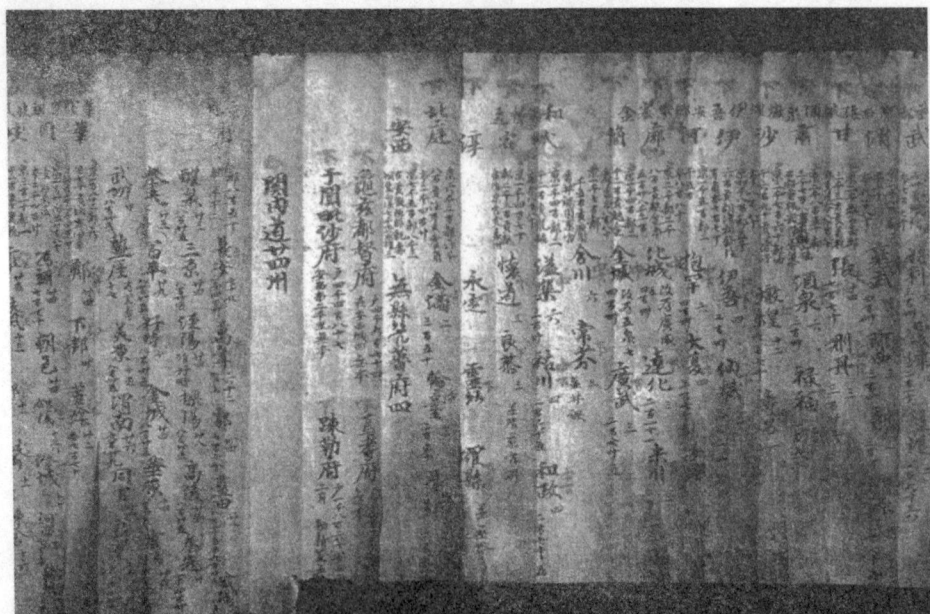

敦煌莫高窟藏经洞珍藏的文献

将已被遗弃许久的部分洞窟改建为道观，而进行大规模的清扫。当他在为第16窟（现编号）清除淤沙时，偶然发现了北侧甬道壁上的一个小门，打开后，出现一个长宽各2.6米、高3米的方形窟室（现编号为第17窟），内有从4世纪到11世纪（即十六国到北宋）的历代文书和纸画、绢画、刺绣等文物5万多件，这就是著名的"藏经洞"。藏经洞的内壁绘菩提树、比丘尼等图像，中有一座禅床式低坛，上塑一位高僧洪辨的坐相，另有一通石碑，似未完工。从洞中出土的文书来看，最晚的写于北宋年间，且不见西夏文字，因此可推断藏经洞是11世纪时，莫高窟的僧人们为躲避西夏军

藏经洞中的唐人绢画《引路菩萨》

队，在准备逃难时所封闭的。

洞内藏有文物5万多件，这些珍贵文献用多种文字记载，有汉文、藏文、梵文、龟兹文、粟特文、突厥文、回鹘文、康居文等，简直是一个内容丰富的古代博物馆。

藏经洞是中国考古史上一次非常重大的发现，其出土文书多为写本，少量为刻本，汉文书写的约占六分之五，其他则为古代藏文、梵文、齐卢文、粟特文、和阗文、回鹘文、龟兹文等。文书内容主要是佛经，此外还有道经、儒家经典、小说、诗赋、史籍、地籍、

敦煌莫高窟"九层楼"

账册、历本、契据、信札、状牒等，其中不少是孤本和绝本。这些对研究中国和中亚地区的历史，都具有重要的史料和科学价值，并由此形成了一门以研究藏经洞文书和敦煌石窟艺术为主的学科——敦煌学。

3. 九层楼

在九层楼前地面 1.5 米以下，发现有唐代的四个柱础和两个柱础窝，以及保存完整的大殿山墙地基和供进入大殿的南北各两级台阶。另外，在唐代殿堂遗址以上30 公分处，是西夏时期的殿堂遗址、西夏瓷碗、灯碗，以及据推测可能分属元、清时期的殿堂遗址。据史料记载，莫高窟九层楼始建于初唐武则天时期（695年），初为四层建筑。而后历朝历代，多次毁而重建。现存窟檐，建于1928—1935年。至于历史上九层楼殿堂大小及内部情况，既无记载也无图片，今人无法知晓。

（二）彩塑艺术

莫高窟的彩塑多属佛教人物及其修行涅槃事迹的造像。因为莫高窟的岩质疏松，无法进行雕刻，工匠们用的是泥塑。唐朝以前的泥塑在其他地方很少保存下来，因此莫高窟的大量彩塑更为珍贵难得。

彩塑为敦煌艺术的主体，有佛像、菩萨像、弟子像以及天王、金刚、力士、神等。彩塑形式丰富多彩，有圆塑、浮塑、影塑、善业塑等。最高34.5米，最小仅2厘米左右（善业泥木石像），题材之丰富和手艺之高超，堪称佛教彩塑的博物馆。17窟唐代河西都僧统的肖像塑，及塑像后绘有持杖近侍等，把塑像与壁画结为一体，为我国最早的高僧写实真像之一，具有很高的历史和艺术价值。

敦煌莫高窟彩塑菩萨

另外还有民族传统神话题材及各种各样的装饰图案。从壁画中，可以看到各民族各阶层的各种社会活动，如帝王出行、农耕渔猎、冶铁酿酒、婚丧嫁娶、商旅往来、使者

莫高窟的艺术特色

交会、弹琴奏乐、歌舞百戏……世间万象，林林总总。

（三）壁画艺术

敦煌石窟艺术中数量最大、内容最丰富的部分是壁画，最广泛的题材是尊像画，即人们供奉的各种佛、菩萨、天王及其说法相等；佛经故事画，是以佛经中各种故事完成的连环画；经变画，是隋唐时期兴起的大型经变，综合表现一部经的整体内容，宣扬想象中的极乐世界；佛教史迹画，表现佛教在印度、中亚、中国的传说故事和历史人物相结合的题材；供养人画像，即开窟造像功德主的肖像，这是一部肖像

敦煌莫高窟狩猎壁画，反映了当时西北的游牧生活

敦煌莫高窟

敦煌莫高窟大型经变画"西方净土"再现了唐朝的繁盛景象

史。

在莫高窟各个时代的壁画中，有反映当时的一些生产劳动场面、社会生活场景、衣冠服饰制度、古代建筑造型以及音乐、舞蹈、杂技的画面，也记录了中外文化交流的历史事实，为研究4世纪到14世纪的中国古代社会提供了宝贵的资料。敦煌壁画中所描绘的当时的一些社会生活场景，反映了我国古代狩猎、耕作、纺织、交通、作战以及音乐舞蹈等生产活动和社会活动各个方面的内容。壁画中各类人物形象，保留了大量的历代各族人民的衣冠服饰资料。壁画

敦煌莫高窟壁画

中所绘的大量的亭台、楼阁、寺塔、宫殿、城池、桥梁和现存的五座唐宋木结构檐，是研究我国古代建筑的形象图样和宝贵资料。

西文学者将敦煌壁画称作是"墙壁上的图书馆"。一千五百年过去了，乐僔的那个石窟早已无法分辨得出，而莫高窟经过风沙侵蚀仍保存着十个朝代的数百个洞窟，窟内壁画四万五千平方米，彩塑三千余身和唐宋窟檐木构建筑五座。此外，还有藏经洞发现的四五万件手写本文献及各种文物，其中有上千件绢画、版画、刺绣和大量书法作品。如果把所有艺术作品一件件阵列起来，便是一

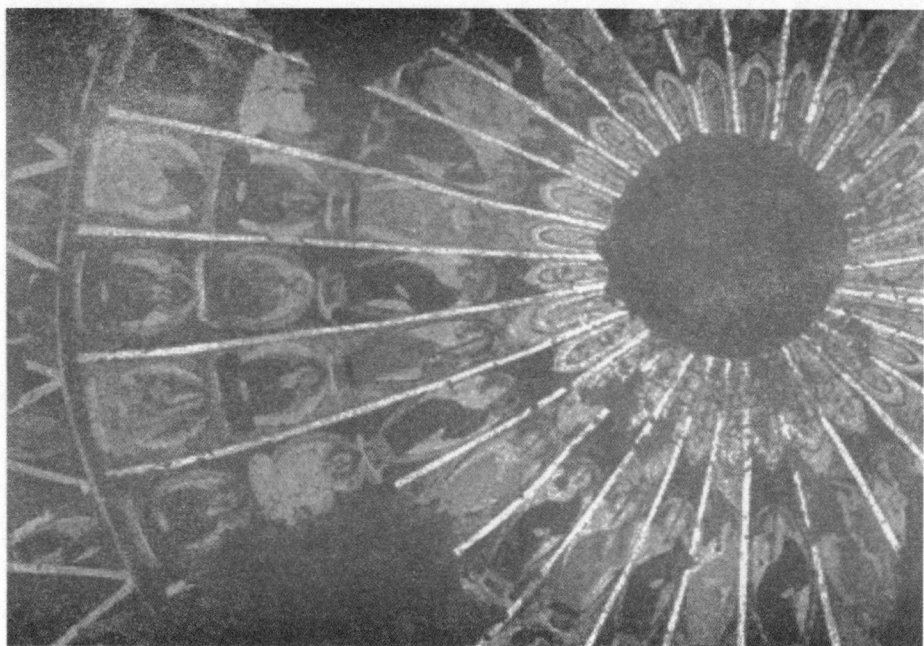

座超过二十五公里长的世界大画廊。

石窟壁画富丽多彩，各种各样的佛经故事、山川景物、亭台楼阁等建筑画、山水画、花卉图案、飞天佛像以及当时劳动人民进行生产的各种场面等，是十六国至清代一千五百多年的民俗风貌和历史变迁的艺术再现。在大量的壁画艺术中还可发现，古代艺术家们在民族化的基础上，吸取了伊朗、印度、希腊等国古代艺术之长，是中华民族发达文明的象征。各朝代壁画表现出不同的绘画风格，反映出我国封建社会的政治、经济和文化状况，是中国古代美术史的光辉篇章，为中国古代史研究提供了珍贵的形象史料。

莫高窟现存有壁画和雕塑的石窟，大体可分为四个时期：北朝、隋唐、五代和宋、西夏和元。其中开凿于北朝时期的洞窟共有36个，年代最早的第268窟、第272窟、第275窟可能建于北凉时期。窟形主要是禅窟、中心塔柱窟和殿堂窟，彩塑有圆塑和影塑两种，壁画内容有佛像、佛经故事、神怪、供养人等。这一时期的影塑以飞天、供养菩萨和千佛为主，圆塑最初多为一佛二菩萨组合，后来又加上了二弟子。塑像人物体态健硕，神情端庄宁静，风格朴实厚重。壁画前期多以土红色为底色，再以青绿赭白等颜色敷彩，色调热烈浓重，线

敦煌莫高窟彩塑菩萨像

敦煌莫高窟

条淳朴浑厚，人物形象挺拔，有西域佛教的
特色。西魏以后，底色多为白色，色调趋
于雅致，风格洒脱，具有中原的风貌。典型
洞窟有第249窟、第259窟、第285窟、第
428窟等。如第243石窟北魏时代的释迦牟
尼塑像，巍然端坐，身上斜披印度袈裟，头
顶扎扁圆形发髻，保留着犍陀罗样式。

（四）犍陀罗艺术

历史告诉了我们，莫高窟是由东来的僧
人最初开凿的，然而开凿洞窟这种佛教艺术
的表现形式，却是从印度、中亚传入中国的。
其中窟内有两千四百多尊佛教塑像，经过

敦煌莫高窟壁画

一千多年的不断雕塑和艺术沉淀，形成了一列名震中外的佛像长廊，其制作更受到了犍陀罗艺术的影响。

犍陀罗风格的佛像的特征是面容呈椭圆形，眉目端庄，鼻梁既高且长，头发呈波浪形，顶有肉髻，身披希腊式大褂，衣褶由左肩下垂，袒露右肩，有时有短胡须。犍陀罗艺术，融合了印度、希腊的艺术风格，它最大的贡献在于把佛表现为完美的人形。

3世纪以后，犍陀罗艺术向北传播到阿富汗一带，又从不同的途径进入新疆、河西走廊乃至中原内地，在它经过的地区，又与当地的艺术风格相互融合，并发展出新的流派。

它不仅在中亚地区形成新的艺术形态，对中国佛教艺术也有较大的影响。对于中国佛教艺术来说，中亚的影响是值得关注的，过去较多关注的是犍陀罗艺术，而对于巴基斯坦、阿富汗乃至前苏联中亚地区的佛教艺术，注意不够。印度犍陀罗的寺塔、石窟建筑、佛像的雕塑、绘画，沿着丝绸之路由西至东传入中国内地。五代十六国到北朝时期的北方，胡族统治者大力支持佛教，使其发展大为盛行；同时，中原地区本来就有相当高的雕刻、绘画技艺，具备了接受新艺术形式的一定条件。印度犍陀罗艺术在 4—7 世纪东传中土，给中土留下了一批富有异国色彩的石窟、寺

敦煌莫高窟彩塑和壁画

莫高窟的艺术特色

敦煌莫高窟壁画中人物形态各异，
十分生动

敦煌莫高窟 112 窟飞天壁画 "反弹琵琶"

敦煌莫高窟

敦煌莫高窟珍藏的织绣残片

院、雕塑及绘画。从中国的历史背景来看，佛教的传播基本上是从西到东"正流"的，但有的时候也会出现"倒流"。

（五）敦煌艺术

光绪二十六年(1900年)，在16窟北壁发现砌封的隐室中满贮从三国魏晋到北宋时期的经卷、文书、织绣和画像等约5万余件。文书除汉文写本外，粟特文、齐卢文、回鹘文、吐蕃文、梵文、藏文等各民族文字写本约占六分之一。文书内容有佛、道等教的教门杂文的宗教文书，文学作品、契约、账册、公文书函等

敦煌莫高窟158窟后壁佛坛上巨大的涅槃像

的世俗文书。敦煌艺术的发现，名闻中外，它对我国古代文献的补遗和校勘有极为重要的研究价值。

莫高窟作为艺术的宝库，不同时代的艺术风尚在这里汇集成斑斓景观。敦煌唐代艺术代表了中国佛教艺术最灿烂的时代，外来的艺术与中国的民族艺术水乳交融，敦煌唐代艺术空前丰富多彩。那雄伟浑厚高达十几米的巨大佛像，灵巧精致仅有十余厘米的小菩萨，场面宏大、人物繁密的巨幅经变，形象生动、性格鲜明的单幅人物画无一不使人印象深刻。莫高窟是集建筑、彩塑、壁画为一体的文化艺术宝库，内容涉及古代社会的艺术、历史、经济、文化、宗教等领域，具有珍贵的历史、艺术、科学价值，是中华民族的历史瑰宝、人类优秀的文化遗产。

（六）莫高窟的艺术成就

莫高窟的主要艺术成就是塑像和绘画。这里的塑像是泥塑，不同于云冈和龙门的石像。这主要是因为三危山石质较粗，不能凿成佛像，所以工匠们才用泥塑。由历代艺术家和能工巧匠累积完成，因而也呈现出不同时代的风格。北魏时期的塑像，体格高大，额部宽广，鼻梁高隆，眉眼细长，头发呈波浪状，袒露着上身，留下了印度艺术的浓重印记。隋代的塑像，面相丰满，鼻梁相对稍

敦煌莫高窟洞窟布满壁画

莫高窟的艺术特色

低，耳朵相对加大，脸部线条柔和了，整个身体比例虽然还不尽相称，但已中国化了，体现出一定的民族风格。唐代，莫高窟的雕塑达到了顶峰。这些雕塑完全抛弃了模仿痕迹，面容温和慈祥，神情庄严从容，服饰华美。天王像表现了男子的健美，让人感到威严、正直、勇猛、坚毅；菩萨像身段秀美，面庞圆润，嘴角带着微笑，胸臂袒露，衣裙轻薄，形象酷似现实中的妇女。

莫高窟各窟均由洞窟建筑、彩塑和壁画综合构成。洞窟建筑形式主要有禅窟、中心塔柱窟、佛龛窟、佛坛窟、大像窟等。塑绘结合的彩塑主要有佛、菩萨、弟子、

敦煌莫高窟佛教壁画

敦煌莫高窟

天王、力士像等。壁画内容丰富博大，分为佛教尊像画、佛经故事画、佛教史故事画、经变画、神怪画、供养人画像、装饰图案等七类，是古代社会历史形象的反映。精美的彩塑与壁画系统地反映了各个时代的艺术风格及其传承演变，具有珍贵的历史、艺术、科技价值。

隋唐是莫高窟发展的全盛时期。禅窟和中心塔柱窟在这一时期逐渐消失，而同时大量出现的是殿堂窟、佛坛窟、四壁三龛窟、大像窟等形式，其中殿堂窟的数量最多。塑像都为圆塑，造型浓丽丰满，风格更加中原化，并出现了前代所没有的高大塑像。群像

《女供养人图》

莫高窟的艺术特色

敦煌莫高窟壁画

组合多为七尊或者九尊，隋代主要是一佛、二弟子、二菩萨或四菩萨，唐代主要是一佛、二弟子、二菩萨和二天王，有的还再加上二力士。这一时期的莫高窟壁画题材丰富、场面宏伟、色彩瑰丽，美术技巧达到空前的水平。如中唐时期制作的第79窟胁侍菩萨像中的样式。上身裸露，作半跪坐式。头上合拢的两片螺圆发髻，是唐代平民的发式。脸庞、肢体的肌肉圆润，施以粉彩，肤色白净，表情随和温存。虽然眉宇间仍点了一颗印度式红痣，却更像生活中的真人。还有在第159窟中，也是胁侍菩萨。

一位上身赤裸，斜结璎珞，右手抬起，左手下垂，头微向右倾，上身有些左倾，胯部又向右突，动作协调，既保持平衡，又显露出女性化的优美身段。另外一位菩萨全身着衣，内外几层表现清楚，把身体结构显露得清晰可辨。衣褶线条流畅，色彩艳丽绚烂，配置协调，身材修长，比例恰当，使人觉得这是两尊有生命力的"活像"。

五代和宋时期的洞窟现存有一百多个，多为改建、重绘的前朝窟室，形制主要是佛坛窟和殿堂窟。从晚唐到五代，统治敦煌的张氏和曹氏家族均崇信佛教，为莫高窟出资甚多，因此供养人画像在这个阶段大量出现，

敦煌莫高窟壁画题材丰富，场面宏伟

莫高窟的艺术特色

并且内容也很丰富。塑像和壁画都沿袭了晚唐的风格，但越到后期，其形式就越显公式化，美术技法水平也有所降低。这一时期的典型洞窟有第 61 窟和第 98 窟等，其中第 61 窟的地图《五台山图》是莫高窟最大的壁画，高 5 米，长 13.5 米，绘出了山西五台山周边的山川形胜、城池寺院、亭台楼阁等，堪称恢弘壮观。

莫高窟现存西夏和元代的洞窟 85 个。西夏修窟 77 个，多为改造和修缮的前朝洞窟，洞窟形制和壁画雕塑基本都沿袭了前朝的风格。一些西夏中期的洞窟出现回鹘王的形象，可能与回鹘人有关。而到了西

敦煌莫高窟一角

敦煌莫高窟

敦煌阳关博物馆

夏晚期，壁画中又出现了西藏密宗的内容。元代洞窟只有八个，全部是新开凿的，出现了方形窟中设圆形佛坛的形制，壁画和雕塑基本上都和西藏密宗有关。典型洞窟有第3窟、第61窟和第465窟等。

清光绪二十六年（1900年）发现了藏经洞，出土了4—14世纪的文书、刺绣、绢画、纸画等文物4.5万件。其中文书，大部分是汉文写本，少量为刻印本。汉文写本中佛教经典占90%以上，还有传统的经史子集，具有珍贵史料价值的"官私文书"等。除汉文外，还有古藏文、梵文、回鹘文、和阗文、龟兹文等多种少数民族文字。敦煌文书的发现是研究中国与中亚历史、地理、宗教、经

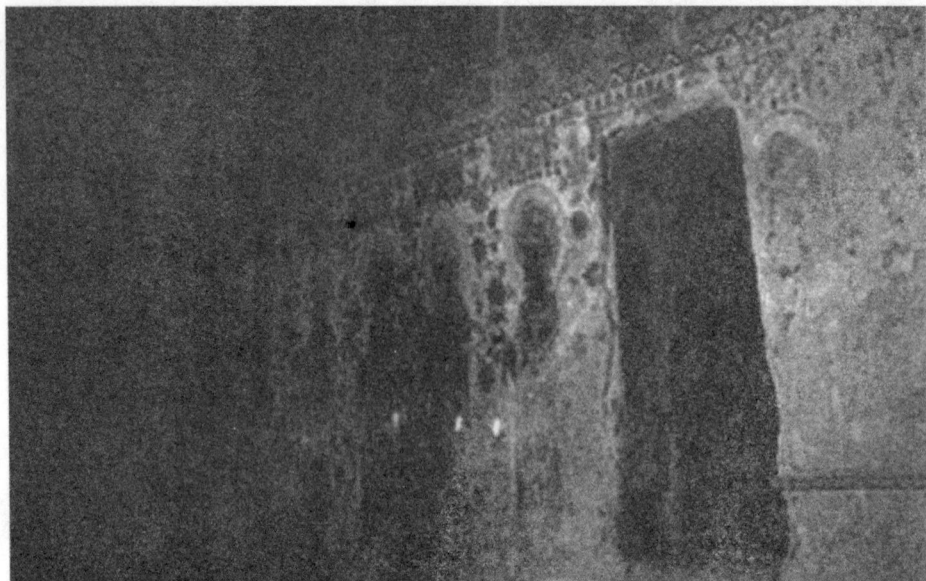
敦煌莫高窟藏经洞 17 窟

济、政治、民族、文学、艺术、科技等的重要资料。莫高窟藏经洞发现后历经劫难，大批敦煌文物与石窟中的一些壁画和彩塑，先后被英、法、日、俄、美等国的盗宝者劫运国外，流散于世界上许多国家的图书馆与博物馆。这是"吾国学术之伤心史也"。

莫高窟的声誉远远超过其他石窟。其原因一是敦煌莫高窟开凿年代较早，迄今已有一千六百余年的历史；二是规模宏大，现保存完好的洞窟 480 余个，像蜂窝一样密密麻麻排列着，错落有致，绵延 1600 百余米；三是雕塑、壁画十分精美，现存彩塑近 2500 百身，壁画 4 万 5 千平方米，所

敦煌莫高窟彩塑

敦煌莫高窟 322 窟壁画 "菩萨说法图"

莫高窟的艺术特色

敦煌莫高窟雪景

敦煌莫高窟彩塑

以，有人称敦煌莫高窟既是一个大雕塑馆，又是一个佛教艺术画廊。

敦煌莫高窟

三 敦煌莫高窟的故事与传说

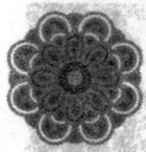

（一）九色鹿

在一座景色秀丽的山中，有一只鹿，双角洁白如雪，浑身是九种鲜艳的毛色，漂亮极了，人称九色鹿。

这天，九色鹿在河边散步。突然，一个人抱着根木头顺流而下，在汹涌的波浪中奋力挣扎，高呼："救命啊，救命！"美丽善良的九色鹿不顾自身安危，跳进河中，费尽九牛二虎之力，终于将落水人救上岸来。惊魂未定的落水人名叫调达，得救后频频向九色鹿叩头，感激地说："谢谢你的救命之恩。我对天起誓，永做你的奴仆，为你寻草觅食，终身受你的驱使……"

九色鹿打断调达的话，说："你的心意我领了，但我救你并不是让你来做我的奴仆。快回家与亲人团聚吧。你只要不向任何人泄露我的住处，就算是知恩图报了。"

调达又起誓说："恩人请放心，如果背信弃义，就让我浑身长疮，嘴里流脓！"千恩万谢之后离开了。

这个国家的王妃，妩媚动人。有一天梦到了毛色九种、头角银白的九色鹿。心发奇想：如果用此鹿的皮毛做件衣服穿上，我定会显得更加漂亮！于是，她娇嗔地对

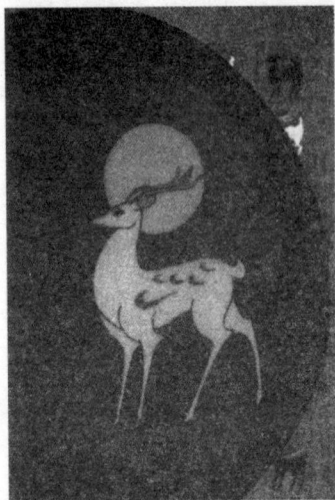

传说山林中住着一只有着九种毛色的鹿，十分美丽

敦煌莫高窟九色鹿传说壁画

国王诉说了美梦，要国王立即捕捉九色鹿。
不然，就死在他面前。

　　国王无奈，只好张贴皇榜，悬重赏捕鹿，
有知九色鹿行踪或捕获者，赠国土一半，并
用银碗装满金豆，金碗装满银豆作为重赏。
调达看了皇榜，心中暗喜：我当国王、发大
财的机会到了。虽然我对鹿立下誓言，但它
毕竟是个畜牲，怕什么？于是揭了榜文，进
宫告密，说自己知道九色鹿居住的地方。国
王闻言大喜，调集了军队，由调达带路，浩
浩荡荡地前来捕捉九色鹿。

敦煌莫高窟本生故事画

　　山林之中，春光明媚。九色鹿在开满红花的草地上睡得正香。突然，好友乌鸦高声叫喊道："九色鹿，快醒一醒吧，国王的军队来捉你了！"九色鹿从梦中惊醒，起身一看，已处在刀枪箭斧的包围之中，无法脱身。仔细一看，调达站在国王旁边，便明白了。心想：即使死也要把他的丑恶嘴脸公布于众。于是，毫无惧色地走到国王面前，问："大王，你是怎么知道我的住处的？"

　　"是他告诉我的。"国王指着调达说。

　　"你知道吗，"九色鹿说，"这个人

敦煌莫高窟有许多与神话传说有
关的壁画

在河中快要淹死时，是我救了他，他誓不暴
露我的住地。谁知道他见利忘义，反复无常，
圣明的陛下，你竟然同一个灵魂肮脏的小人
来滥杀无辜，岂不辱没了你的英名？"

此时，调达无地自容，身上长满了烂疮，
嘴里流出了脓血，臭不可闻，遭到了报应。
明白了事实真相，国王非常惭愧，责斥调达
背信弃义，恩将仇报。传令收兵回宫，并下
令全国臣民不许伤害九色鹿。

王后没有得到九色鹿的皮毛，又羞又恨，
最后活活气死了。

此故事绘于 257 窟的西壁，是莫高窟最
完美的连环画式本生故事画。画面从两头开

敦煌莫高窟的故事与传说

飞天雕像

始，中间结束。线索清晰，中心突出，层次分明，构图严谨，是北魏的经典作品之一。

（二）飞天

敦煌飞天是敦煌莫高窟的名片，是敦煌艺术的标志。只要看到优美的飞天，我们就会想到敦煌莫高窟艺术。敦煌莫高窟的洞窟中，几乎窟窟画有飞天。

飞天，是佛教中称为香音之神的能奏乐、善飞舞，满身异香而美丽的菩萨。唐代飞天更为丰富多彩，气韵生动，她既不像希腊插翅的天使，也不像古代印度腾云驾雾的天女，中国艺术家用绵长的飘带使她们优美轻捷的女性身躯漫天飞舞。飞天是民族艺术的一个绚丽形象，提起敦煌，人们就会想到神奇的飞天。敦煌飞天从起源和职能上说，它不是一位神，它是乾闼婆与紧那罗的复合体。乾闼婆是印度梵语的音译，意译为天歌神，由于他周身散发香气，又叫香间神。紧那罗是印度古梵文的音译，意译为天乐神。乾闼婆和紧那罗原来是印度古神话和婆罗门教中的娱乐神和歌舞神。神话传说中说他们一个善歌，一个善舞，形影不离，融洽和谐，是恩爱的夫妻。后来被佛教吸收，化为天龙八部众神中的两位天神。

　　唐代慧琳《音义》上解释说："真陀罗，古作紧那罗，间乐天，有微妙间响，能微妙音

北京美术馆莫高窟壁画

响，能作歌舞。男则马首人身，能歌；女则端正，能舞。次此天女，多与乾闼婆为妻也。"

乾闼婆与紧那罗被佛教列入天龙八部神后，随着佛教理论和艺术审美以及艺术创作的发展需要，由原来的马头人身的狰狞面目，逐渐演化为眉清目秀、体态俏丽、翩翩起舞、翱翔天空的天人飞仙了。乾闼婆和紧那罗最初在佛教天龙八部众神中的职能是有区别的。乾闼婆作为乐神的任务是在佛教净土世界里散香气，为佛献花、供宝、作礼赞，栖身于花丛，飞翔于天宫。紧那罗作为歌神的任务是在佛国净土世界里，为佛陀、菩萨、众神、天人奏乐歌舞，居住在天宫，不能飞翔于云霄。后来乾闼婆和紧那罗的职能混为一体，乾闼

敦煌莫高窟奏乐歌舞壁画

敦煌莫高窟飞天壁画

婆亦演奏乐器，载歌载舞；紧那罗亦冲出天宫，飞翔云霄。乾闼婆和紧那罗男女不分，合为一体，化为后世的敦煌飞天。莫高窟西魏时已出现了持乐歌舞的飞天。隋代以后，乾闼婆和紧那罗混为一体，已无法分辨了。只是音乐界、舞蹈界写文章时，为了把他们和乐伎加以区别，把早期天宫奏乐的乾闼婆定名为天宫乐伎，把后来合为一体、持乐歌舞的飞天定名为飞天乐伎。

敦煌飞天从艺术形象上说，它不是一种文化的艺术形象，而是多种文化的复合体。飞天的故乡虽在印度，但敦煌飞天却是印度文化、西域文化、中原文化共同孕育成的。它是印度佛教天人和中国道教羽人、西域飞天和中原飞天长期交流

敦煌莫高窟藏经洞

而融合为一，具有中国文化特色的飞天。它是不长翅膀、不生羽毛、没有圆光、借助彩云而不依靠彩云，主要凭借飘曳的衣裙、飞舞的彩带而凌空翱翔的飞天。敦煌飞天可以说是中国艺术家最天才的创作，是世界美术史上的一个奇迹。

（三）藏经洞之谜

由于藏经洞封闭了近千年，这个谜便堪称千古之谜。在浩如烟海的敦煌遗书资料中仔细地查阅，从未找到解谜的文字记载，只好另辟途径，根据其他历史资料进行推断，提出了多种假说，试图解开这个千古之谜。主要说法有以下几种：

1. 避难说

认为这么多经卷和遗书被藏于石室中被封闭，是莫高窟的僧人为躲避战乱，使经卷遗书免于战火而存放的。这种说法最早，持这种观点的学者也较多。但在具体封闭时间上说法又各不相同。

最有代表性、较普遍的说法是，宋初西夏人占领敦煌之前，千佛洞下寺的僧人为躲避战乱，临走前便把经卷、佛像、杂书等藏入洞内封闭。待战乱过后再回来启用。谁知这些僧人一去不返，杳无音讯，此洞便成为无人知晓的秘密。

又有一种说法把封闭时间定为宋绍圣年间（1094—1098 年），认为藏经洞的封闭与伊斯

敦煌莫高窟藏经洞珍藏的经卷

敦煌莫高窟

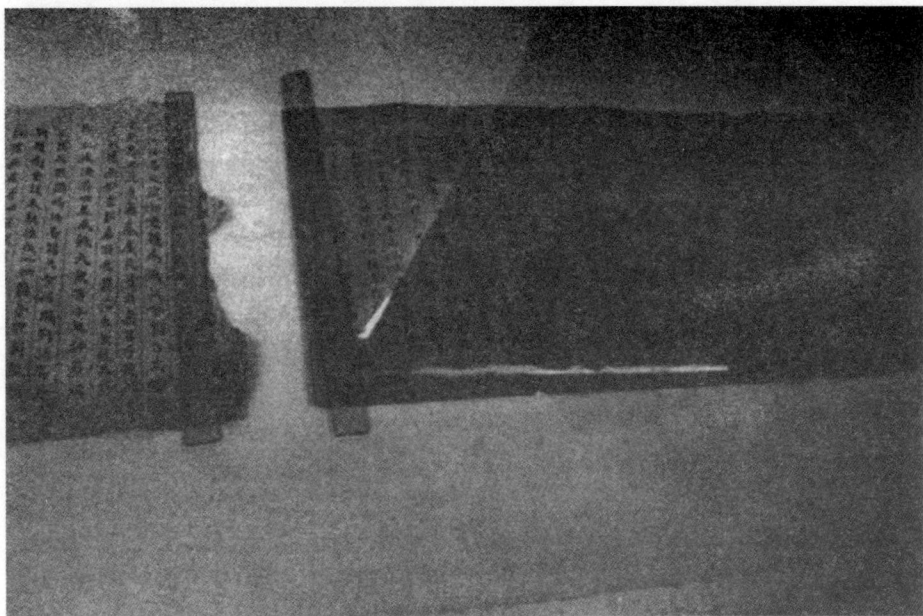

兰教的东传有关。当时，信仰伊斯兰教的哈拉
汗王朝向宋朝要求出兵攻打西夏，宋朝表示赞
同。这一消息传到敦煌，佛教徒们惊慌失措，
恐惧万分，便采取保护措施，将千佛洞的经卷、
佛像、文书全部集中堆放进石室封闭，免受其
害。

另外还有宋皇祐（1049年）之后说、曹氏
封闭说、元初说、元明之际说等，均为逃避战
乱说。

2. 废弃说

认为这些经卷遗书都是当时敦煌僧众抛弃
无用的废品。因佛经众多，为尊重佛法佛典，
这些用过的经品既不能丢弃，也不能烧毁，只

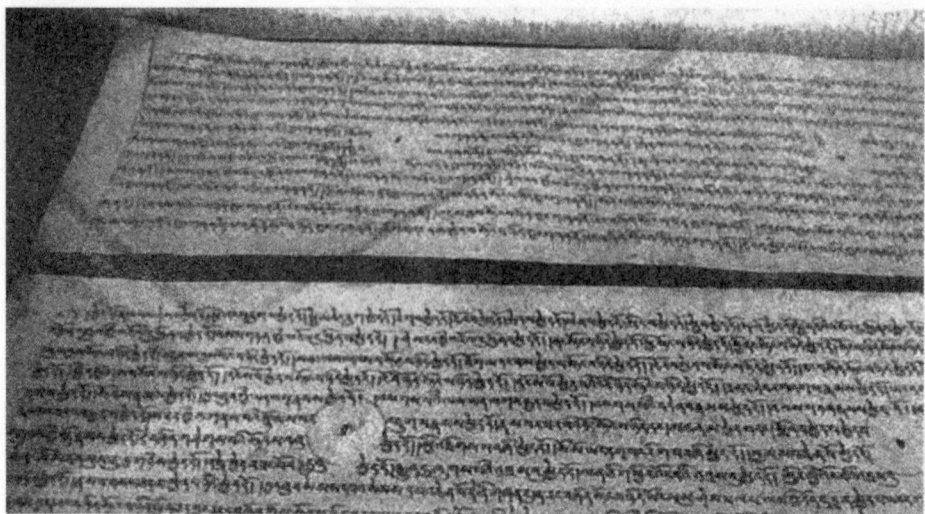
梵文写就的经书

好用这个石室封存起来。持这种观点的学者认为，逃避战乱的说法自相矛盾，难以自圆其说。这是因为藏经洞内没有整部大藏经和其他珍贵物品，大多是残卷断篇，夹有不少疑伪经，甚至还有不少错抄的废卷和涂鸦之杂写，乃至作废的文书与过时的契约等等。在藏经洞封闭时，即曹宗寿当政时期（1002—1014 年），敦煌僧侣已向内地请求配齐了大藏经。并向朝廷乞求到一部金银字大藏经，还有锦帙包裹、金字题头的《大般若经》。如果是避难，那么这些珍贵的东西理所当然应该珍藏于石室中。为什么整部大藏经没有被收藏反而收藏的是残经破卷？因此，其真正的原因并不是为了避难，而是这些东西在当时实在没有实用价值而被废弃了。

莫高窟藏经洞珍藏的经卷

3. 书库改造说

持这种说法的学者认为，大约一千年左右，折页式的经卷，已从中原传到敦煌。因阅读、携带方便，受到僧侣们的青睐。因此，将藏书室使用不便的卷轴式佛经以及许多杂物一并置于石室封闭。

以上有关藏经洞的封闭时间和原因，众说纷纭，莫衷一是，迄今仍无定论，有待进一步挖掘旁证资料，解开藏经洞封闭之谜。

废弃说中，关于避难时为什么珍贵的东西一定要藏在石室中的说法显然不对。避难时往往是把所有能藏的东西都收起来，一是

沙漠中的奇迹——敦煌莫高窟

来不及收拾，其实，这些东西可能存放的地方不一样，也可能当时被其他国家借去，也可能被搬运的人路上偷偷拿下，有许许多多的可能。残经破卷这个词也显然不对，因为在学术上，这个词是相对词，也就是说，是相对某个人主观来说，不同地区可能会出现不同版本，更何况是在敦煌这么复杂的地区。

总的来说，在分析时，一旦做了假设，就应当在假设的前提下顺着推，而不能在

北京美术馆莫高窟彩塑和壁画

敦煌莫高窟景色

敦煌莫高窟的故事与传说

神秘的敦煌莫高窟

假设的前提下，按我们生活的年代来考虑。

这样才可能得到更合理的答案。

四　惨痛的掠夺史

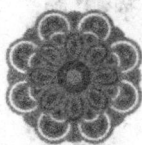

敦煌佛教壁画

莫高窟在元代以后已很少为人所知，几百年里基本保存了原貌。但自藏经洞被发现后，旋即吸引来许多西方的考古学家和探险者，他们以极低廉的价格从王圆箓处获得了大量珍贵典籍和壁画，运出中国或散落民间，严重破坏了莫高窟和敦煌艺术的完整性。

（一）藏经洞经文

光绪二十六年（1900年）道士王圆箓发现藏经洞，洞内藏有写经、文书和文物四万多件。此后莫高窟更为引人注目。1907年，英国考古学家斯坦因在进行第二次中亚考古旅行时，沿着罗布泊南的古丝绸之路，来到了敦煌。当听说莫高窟发现了藏经洞后，他找到王圆箓，表示愿意帮助兴修道观，取得了王圆箓的信任。于是斯坦因就被允许进入藏经洞拣选文书，他最终只用了200两银两，便换取了24箱写本和5箱其他艺术品带走。1914年，斯坦因再次来到莫高窟，又以500两银两向王圆箓购得了570段敦煌文献。这些藏品大都捐赠给了大英博物馆和印度的一些博物馆。大英博物馆现拥有与敦煌相关的藏品一万余件，是世界上收藏敦煌文物最多的

敦煌莫高窟壁画

地方，但近年来由于该馆对中国文物的保护不力甚至遭致失窃，因而受到不少指责。1908 年，精通汉学的法国考古学家伯希和在得知莫高窟发现古代写本后，立即从迪化赶到敦煌。他在洞中拣选了三个星期，最终以 600 两银两为代价，获取了一万多件堪称精华的敦煌文书，后来大都入藏法国国立图书馆。1909 年，伯希和在北京向一些学者出示了几本敦煌珍本，这立即引起学界的注意。他们向清朝学部上书，要求甘肃和敦煌地方政府马上清点藏经洞文献，并运送进京。清廷指定由甘肃布政使何彦升负责押运。但在清点前，王圆箓便已将一部分文物藏了起来，押运沿途也散失了不少，到了北京后，何彦升和他的亲友们又自己攫取了一些。

敦煌莫高窟佛像彩塑

敦煌莫高窟一角

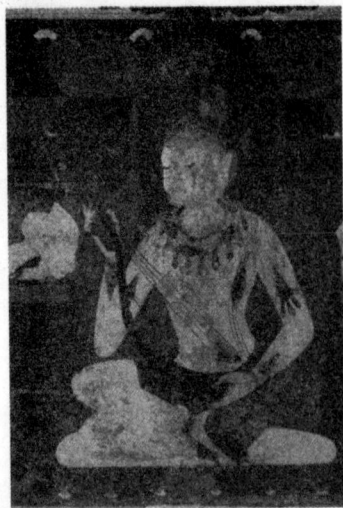

敦煌莫高窟佛教壁画

于是，1900 年发现的五万多件藏经洞文献，最终只剩下了 8757 件入藏京师图书馆，现均存于中国国家图书馆。对于流失在中国民间的敦煌文献，有一部分后来被收藏者转卖给了日本藏家，也有部分归南京国立中央图书馆，但更多的已难以查找。王圆箓藏匿起来的写本，除了卖给斯坦因一部分以外，其他的也都在 1911 年和 1912 年卖给了日本的探险家吉川小一郎和橘瑞超。1914 年，俄罗斯佛学家奥尔登堡对已经搬空的藏经洞进行了挖掘，又获得了一万多件文物碎片，目前藏于俄罗斯科学院东方学研究所。他还从敦煌拿走一批经卷写本，并进行洞窟测绘，还盗走了第 263 窟的壁画。他们都以少量的银元，带走了大量的中国的灿烂文化。

（二）壁画与塑像

近代，除了藏经洞文物遭到瓜分，敦煌壁画和塑像也蒙受了巨大的损失，目前所有唐宋时期的壁画均已不在敦煌。伯希和与 1923 年到来的兰登·华尔纳先后利用胶布粘取了大批有价值的壁画，有时甚至只揭取壁画中的一小块图像，严重损害了壁画的完整性。王圆箓为打通部分洞窟也毁坏了不少壁画。1922 年，莫高窟曾一度关押了数百名俄罗斯沙皇军队士兵，他们在洞窟中烟熏火燎，破坏极大。1940 年，张大千在此描摹壁画时，发现部分壁画有内外两层，他便揭去外层以观赏内层，这种做法后来引发了争议，直到现在依然争论不休。

（三）王道士的功过

1. 王道士其人

敦煌艺术在受世人瞩目之前的几百年里，一直是默默无闻，直到一个人对敦煌的新发现，才使敦煌莫高窟闻名于世，后人对他褒贬不一，他就是王道士。

王道士祖籍湖北麻城县。他本人出生在陕西，因家乡连年灾荒，生活所迫，出外谋生，流落于酒泉。在此期间入道修行，人们称他为王道士。后云游敦煌，登三危山，感慨万千，急呼"西方极乐世界，乃在斯乎"。所以他长期居留于此地，奉献了他的后半生，后人对他褒贬不一：

圆箓本无责，

圆箓本无误。

平凡一道者，

终身守寒窟。

并无贪一物，

敦煌莫高窟王道士墓塔

惨痛的掠夺史

敦煌莫高窟古树

冤何担罪辱？

王圆箓是一位地地道道的道士，而莫高窟又是佛教圣地，历来都是佛教徒活动的地方。然而，世事就是这样捉弄人，偏偏把一个道士安排在佛窟里，让太上老君的弟子为释迦牟尼效犬马之劳，这阴差阳错的安排委实古怪离奇。更令人不解的是，不知是王圆箓道士的行为感动了佛祖，还是无意的安排，佛窟里的秘密却让一个道士来发现，奇人遇奇事，出现了戏剧性的结果。

王道士走进莫高窟的时间大约在 1892 年左右。当时他已近不惑之年，看到神圣宝窟无人管护，一片残破，受到严重的自然和人为破坏，一种强烈的使命感，使他自觉自愿担当起了"守护神"的重任。他四处奔波，苦口劝募，省吃俭用，集攒钱财，用于清理洞窟中的积沙，仅第16窟淤沙的清理就花费了近两年的时间。清光绪二十六年五月二十六日（1900年6月22日）这一天，王圆箓揭开了藏经洞这个秘密。藏经洞发现之后，王道士尽了最大的努力，做了他应该做的一切。首先，徒步行走50里，赶往县城去找敦煌县令严泽，并奉送了取自于藏经洞的两卷经文。王道士的目的很明确，就是为了引起这位官老爷的重视。可惜的是，这位姓严的知县不学无术，不过把这两卷经文视作两张发黄的废纸而已。

敦煌莫高窟博物馆

惨痛的掠夺史

敦煌莫高窟藏经洞佛像

　　1902年，敦煌又来了一位新知县汪宗翰。汪知县是位进士，对金石学也很有研究。王道士向汪知县报告了藏经洞的情况。汪知县当即带了一批人马，亲去莫高窟察看，并顺手拣得几卷经文带走。留下一句话，让王道士就地保存，看好藏经洞。

　　两次找知县都没有结果，王圆箓仍不甘心。于是，他又从藏经洞中挑拣了两箱经卷，赶着毛驴奔赴肃州（酒泉）。他风餐露宿，单枪匹马，冒着狼吃匪抢的危险，行程八百多里，才到达目的地，找到了时任兵备道台的廷栋。这位廷栋大人浏览了一番，最后得出结论：经卷上的字不如他的书法好。就此了事。

敦煌莫高窟冬景

　　几年过去了，时任甘肃学政的金石学家叶昌炽知道了藏经洞的事，对此很感兴趣，并通过汪知县索取了部分古物，遗憾的是，他没有下决心对藏经洞采取有效的保护措施。直到1904年，省府才下令敦煌检点经卷就地保存。这一决定和汪知县当初的说法一样，都是把责任一推了之。王圆箓无法可想，又斗胆给清宫的老佛爷写了秘报信。然而，大清王朝正在风雨飘摇之际，深居清宫的官员哪里能顾得上这等"小事"。王圆箓的企盼如泥牛入海，杳无音信。

　　1907年，斯坦因到来，他通过宗教精神的交流将王道士"俘虏"了。斯坦因说："道士之敬奉玄奘，在石窟寺对面新建凉廊上的绘画有显明的证据，所画的都是一些很荒唐的传说……我用我那很有限的中国话向王道士述说我自己之崇奉玄奘，以及我如何循着他的足迹，从印度横越峻岭荒漠，以至于此的经过，他显然是为我所感动了。"

当时王道士把经卷卖给斯坦因有三方面的原因：一是在长达七年的时间里，他多次求助官方未受到重视，而且是逐级上报，但无人过问，致使他灰了心。二是为了完成他的宏愿，清扫洞窟，修建三层楼，架设木桥。三是唐玄奘沟通了他们的思想，斯坦因这个探险家追求事业的精神感动了他。因此他虽思想上极为矛

敦煌莫高窟是荒漠中的宝藏

敦煌莫高窟

盾，极不愿意外国人将这些文物带走，但在无奈的情况下，也只好做出让步。

当斯坦因把敦煌文物宣传于全世界之时，当朝命官这才懂得了其重要价值，但他们不是考虑如何去保护它，而是千万百计将其窃为己有。因此，一时间偷窃成风，敦煌卷子流失严重，这是敦煌卷子自发现以后最大的劫难，后来连醉心于壁画的张大千也加入了破坏的行列。1910年，清政府作出决定，把剩余的敦煌卷子全部运往北京保存。在运送的路途中，几乎每到一处都失窃一部分。

大量经卷的散失，曾经使王圆箓感到非常痛心，因为藏经洞是他发现的，多年来在他保管期间从未发生过无故大量散失的事，官方如此掠夺，又如此贪心，令他极其愤慨。所以，当1914年斯坦因第二次到莫高窟时，王圆箓对他说了一段令人深思的话，《斯坦因西域考古记》是这样记述的："说到官府搬运他所钟爱的中文卷子致受损伤，他表示后悔当时没有勇气和胆识，听从蒋师爷的话，受了我那一笔大款子，将整个藏书全让给我。受了这次官府的骚扰之后，他怕极了，于是，将他所视为特别有价值的中文写本另外藏在一所安全的地方。"王道士的墓志上是这

敦煌莫高窟藏经洞壁画

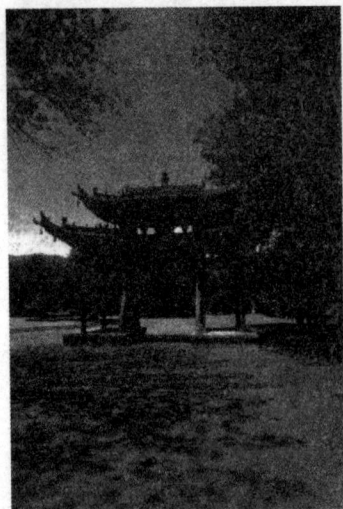

敦煌莫高窟一景

样写的："沙出壁裂一孔，仿佛有光，破壁，则有小洞，豁然开朗，内藏唐经万卷，古物多名，见者多为奇观，闻者传为神物。"

王道士发现藏经洞既有必然性，也有偶然性。说必然性，是因为他走进洞窟，雇用人员清理洞窟中堆积多年的淤沙，藏经洞的洞门才能显露出来。说偶然性，是因为王道士当初清除洞窟淤沙，不是为了要寻找宝物，而是为了保护洞窟，发现藏经洞完全是偶然的。

可以说，无论什么人发现藏经洞都是一种贡献，都是人类文化史上一个了不起的重大事件。因为藏经洞的发现就预示着"敦煌学"的产生。王圆箓发现了藏经洞当然有功，而不能视为过错（如果用宗教的观念来看，这只能说是上天的安排，命运使然，是不以王道士个人意愿为转移的）。至于有人说应该在某个时代发现合适，那纯粹是一种主观主义的一相情愿。事实证明，由于藏经洞的发现才引起人们对莫高窟的重视，因此在20世纪40年代就成立起专门的保护机构。否则，对莫高窟的保护不知要推迟多少年，造成的损失更是无法估量。

2. 正确评价王道士

关于莫高窟的文化遗产，在了解了莫高窟的地理形势以及历史背景之后，会产生新的理解。

先说说敦煌莫高窟的地理形式。

敦煌地处中国西北沙漠边关地带，历来属于被中原闭绝之地。为争权夺地，少数部落和中原王朝一直战乱不断。边塞平定后，虽历代朝廷重视边关开发，但也只有游牧民族徙居于此。风沙、荒凉，沙漠深处恶劣的地理环境，只适合那些被贬谪、被流放的罪人了断残生，无法吸引普通百姓驻足或居住，更无从寄希望于朝廷命官扎根此地做一番造福于民的事业。而那些深藏于敦煌的诸多文

敦煌地处西北荒漠地带，久经战乱，敦煌文物能 够保存至今实属不易

惨痛的掠夺史

化遗产——建筑、壁画、塑像，又多建在断崖上，所以这些古迹既不能唾手可得又缺乏立马见效的惠利，那么，保护或拯救实在有些空谈。

再说说当时的现实。

那时，处于世纪之交的中国，可谓内忧外患。甲午战争后，西方列强瓜分中国的狂潮、维新运动的失败、义和团爆发的反帝风暴以及八国联军进行的举世惊骇的侵华大屠杀……整个神州大地处于一片战火、血腥、恐怖之中，尸骸枕藉，哀鸿遍野。这种情况下，政治是第一，没有人花心思来考虑什么文化，留意什么遗产。

敦煌鬼门关

敦煌莫高窟

敦煌文物是我国珍贵的文化遗产

这种时境下，尚能安置一个道士看守这荒原僻地的宗教之地，着实不易！至少说明当时还是有人明白这些文化遗产所具有的"活"的价值，以及不可估量的意义。至于后来王道士拱手将敦煌遗产殷勤相让给外国人，其中原因，一方面是由于王道士的无知以及官僚们的冷血、漠然、自私；另一方面，也是时势如此。想一想，那些外国人，虽有"学者""考古家""冒险家"的名号，但在中国人眼里，无一例外都是魔鬼，当时外国人正在中国的国土上烧杀淫掠、无恶不作，而王道士的同胞们却正走向帝国主义控制下的半殖民地国家的亡国奴命运。一个小小的道士，惶恐尚来不及，更奈何得了谁！他面对的是一批又一批外来的文化掠夺

敦煌莫高窟壁画

者！比起战争的掠夺，有何二致？正所谓趁火打劫、浑水摸鱼，道貌岸然的"学者""考古家"也是脱不了干系的。

所以，将这笔文化重债算在一个无名道士头上，实在有些冤屈他。还是将满腔愤怒泄向那些入室的文化强盗吧，尽管他们彬彬有礼，但仍是强盗；或者干脆将满腹悲叹吞咽到自己肚子里，感慨当时国力衰微。

王道士是平凡而又淳朴的，却有着虔诚和执著的精神，是一个真正有信仰的人。发现藏经洞是他没有想到的，而发现藏经洞后的经历更是他始料未及的。从广义上讲，王道士把经卷卖给斯坦因，是中国文物的损失（但我们应该知道，留传到国外的敦煌文物都在博物馆中得到了最好的保护）！而留在中国的敦煌文物又是什么后果呢？先是 1910 年清政府作出决定，把剩余的敦煌经卷全部运往北京保存。在运送的路途中，几乎每到一处都失窃一部分。军阀统治、战乱时期的政府无为，使大量壁画任由风吹沙砺，任何人都可以随便拿走洞窟内铺地的精美地砖及小的佛像。之后，尽管敦煌壁画得到了较为系统的看管

与研究，也因为经费严重不足而并没有真正得到多少保护，人们只是去索取其艺术、历史、宗教价值。据说20世纪80年代以前，众多洞窟破旧不堪的木门还是日本人出钱给更换成金属的。改革开放，敦煌终于受到了重视，然而这"重视"却是由于世界各地的游客蜂拥到来而看到了她的旅游资源、经济价值，参观人数的激增致使洞窟壁画再一次受到严重破坏！直到最近十来年，对敦煌壁画的保护才得以真正实行并成为一门研究项目。所以，从狭义上讲，王道士的不得已行为对敦煌文物的保护倒是有贡献的。而且他的后半生主要从事的

敦煌莫高窟"三危揽胜"牌坊

敦煌莫高窟

敦煌莫高窟卧佛睡态安详

一件事就是清理莫高窟洞窟中的积沙，斯坦因给他的钱（所谓"卖"文物的钱），他一分也没用于享乐，而是全部用作敦煌的保护经费。

　　敦煌文物的流失不应该把责任归因于任何个人，我们不能以一个完人的标准去审视王圆箓，他在那个时代其实真的很平凡很无奈，他只能尽他的本分，力所能及地保护他心中神圣的信仰（那些经卷文物对他来说不一定有什么历史价值、艺术价值，而主要是宗教价值）。或许只有把他放在当时的历史情境中去

敦煌莫高窟佛塔近景

理解，才能得出客观公正的评价。

王圆箓墓葬的"道士塔"是一座淡黄色的塔，伫立在莫高窟陈列馆前。塔上有文字，是王圆箓的徒子徒孙们用来纪念他的，墓志上记录了他的功德。他们建造了莫高窟众多塔中最大最高的一座，将一个道士以及他的所有功过归还给了大地。然而在当今，这座塔却很少受到游客的瞩目，

北京美术馆敦煌莫高窟彩塑

敦煌莫高窟道士塔

惨痛的掠夺史

敦煌莫高窟一景

敦煌夕照

敦煌莫高窟

更没有像外国名人墓葬那样被敬献鲜花。即使是研究敦煌学和敦煌绘画艺术的业内人士，似乎也没有谁曾在这里向他表示过敬意。

五 保护人类共同的遗产

敦煌莫高窟远景

（一）敦煌印象

莫高窟对面，是三危山。《山海经》记，"舜逐三苗于三危"。可见它是华夏文明的早期屏障，早得与神话分不清界线。那场战斗怎么个打法，现在已很难想象，但浩浩荡荡的中原大军总该是来过的。当时整个地球还人迹稀少，嗒嗒的马蹄声显得空廓而响亮。让这么一座三危山来做莫高窟的映壁，气概之大，人力莫及，只能是造化的安排。

366 年，乐僔和尚来到这里，他戒行清虚，执心恬静，手持一根锡杖，云游四野。当他来到敦煌，立足峰头四顾，突然看到三危山金光灿烂，像有千佛在跃动。他怔怔地站着，眼前是腾燃的金光，背后是五彩的晚霞，他浑身被照得通红，手上的锡杖也变得水晶般透明。天地间没有一点声息，只有光的流溢，色的笼罩。他有所憬悟，把锡杖插在地上，庄重地跪下身来，朗声发愿，从今要广为化缘，在这里筑窟造像，使它真正成为圣地。不久，乐僔和尚的第一个石窟就开工了。他在化缘之时广为播扬自己的奇遇，远近信士也就纷纷来朝拜胜景。年长日久，新的洞窟也一一挖出来了，上自王公，下至平民，或者独筑，或者合资，把自己的信仰和祝祈，全向这座陡坡凿进。从此，这个山峦的历史，就离不开工匠斧凿的叮当声。工匠中隐潜着许多真正的艺术家。前代艺术家的遗留，又给后代艺术家以默默的滋养。于是，这个沙漠深处的陡坡，浓浓地吸纳了无量度的才情，空灵灵又胀鼓鼓地站着，变得神秘而又安详。

比之于埃及的金字塔，印度的山奇大塔，古罗马的斗兽场遗迹，中国的许多文化遗迹常常带有历史的层次性。别国的遗迹一般修建于一时，兴盛于一时，以后就以纯粹遗迹的方式保存着，让人瞻仰。中国的长城就不

三危山风光

是如此，总是代代修建、代代拓伸。长城，作为一种空间的蜿蜒，竟与时间的蜿蜒紧紧对应。中国历史太长、战乱太多、苦难太深，没有哪一种纯粹的遗迹能够长久保存，除非躲在地下，躲在坟里，躲在不为常人注意的秘处。阿房宫烧了，滕王阁坍了，黄鹤楼则是新近重修。成都的都江堰所以能长久保留，是因为它始终发挥着水利功能。因此，大凡至今的历史胜迹，总有生生不息、海纳百川的独特秉赋。莫高窟可以傲视异邦古迹的地方，就在于它是一千多年的层层累聚。看莫高窟，不是看死了一千年的标本，而是看活了一千年的生命。一千年

敦煌莫高窟道士塔一景

敦煌莫高窟

104

敦煌榆林窟壁画观音无量寿
经变中的舞蹈图

间血脉畅通、呼吸匀停，这是一种何等壮阔的生命！一代又一代的艺术家前呼后拥地向我们走来，每个艺术家又牵连着喧闹的背景，在这里举行着横跨千年的游行。纷杂的衣饰使我们眼花缭乱，呼呼的旌旗使我们满耳轰鸣。在别的地方，你可以蹲下身来细细玩索一块碎石、一条土埂，在这里完全不行，你也被裹卷着，身不由己，踉踉跄跄，直到被历史的洪流消融。

　　青褐浑厚的色流，应该是北魏的遗存。那色泽浓沉着得如同立体，笔触奔放豪迈得如同剑戟。那个年代战事频繁，驰骋沙场的

隋炀帝杨广像

又多为北方剽壮之士，强悍与苦难汇合，流泻进了石窟的洞壁。当工匠们正在这洞窟描绘的时候，南方的陶渊明，在破残的家园里喝着闷酒。陶渊明喝的不知是什么酒，而这里流淌着的无疑是烈酒，没有什么芬芳的香味，只是一派力、一股劲，能让人疯了一般，拔剑而起。这里有点冷、有点野，甚至有点残忍。色流开始畅快柔美了，那一定是到了隋文帝统一中国之后。衣服和图案都变得华丽，有了香气，有了暖意，有了笑声。这是自然的，隋炀帝正乐呵呵地坐在御船中南下，新竣的运河碧波荡漾，通向扬州名贵的奇花。隋炀帝太

敦煌莫高窟壁画

三危山崖壁上的洞窟

保护人类的共同遗产

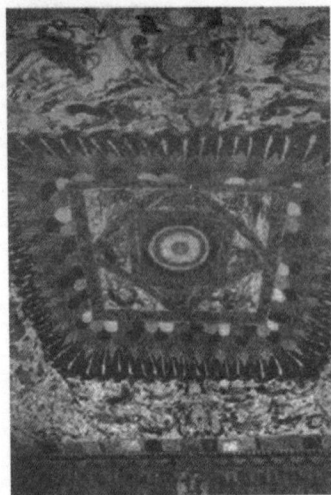

敦煌莫高窟第 220 窟对舞图之一

凶狠，工匠们不会去追随他的笑声，但他们已经变得大气、精细，处处预示着，他们手下将会奔泻出一些更惊人的东西。色流猛地一下涡旋卷涌，当然是到了唐代。人世间能有的色彩都被喷射出来，但又喷得一点儿也不野，舒舒展展地纳入细密流利的线条，幻化为壮丽无比的交响乐章。这里不再仅仅是初春的气温，而已是春风浩荡，万物苏醒。这里连禽鸟都在歌舞，连繁花都裹卷成图案，为这个天地欢呼。这里的雕塑都有脉搏和呼吸，挂着千年不枯的吟笑和娇嗔。这里的每一个场面，都非双眼能够看尽，而每一个角落，都够你流连许久。这里没有重复，真正的欢乐从不重复。这里不存在刻板，刻板容不下真正的人性。这里别的没有，只有人的生命在蒸腾。到别的洞窟还能思忖片刻，而这里，一进入就让你燥热，让你失态，让你只想双足腾空。不管它画的是什么内容，一看就让你在心底惊呼，这才是人，这才是生命。人世间最有吸引力的，莫过于一群活得很自在的人发出的生命信号。这种信号是磁，是蜜，是涡卷方圆的魔井。没有一个人能够摆脱这种涡卷，没有一个人能够面对着

敦煌月牙泉

它们而保持平静。唐代就该这样，这样才算唐代。我们的民族，总算拥有这么一个朝代，总算有过这么一个时刻，驾驭那些瑰丽的色流，而竟能指挥若定。色流更趋精细，这应是五代。唐代的雄风余威未息，只是由炽热走向温煦，由狂放渐趋沉着。头顶的蓝天好像小了一点，野外的清风也不再鼓荡胸襟，终于有点灰黯了，舞蹈者仰首看到变化了的天色，舞姿也开始变得拘谨。仍然不乏雅丽，仍然时见妙笔，但欢快的整体气氛，已难于找寻。洞窟外面，辛弃疾、陆游仍在握剑长歌，美妙的音色已显得孤单，苏东坡则以绝世天才，与陶渊明呼应。大宋的国土，被下坡的

颓势，被理学的层云，被重重的僵持，遮得有点阴沉，色流中很难再找到红色了，那该是到了元代……这些朦胧的印象，稍一梳理，已颇觉劳累，像是赶了一次长途的旅人。

敦煌印象——什么时候，哪一位大手笔的艺术家，能告诉我们莫高窟的真正奥秘？日本井上靖的《敦煌》显然不能令人满意，也许应该有中国的赫尔曼·黑塞，写一部《纳尔齐斯与歌尔德蒙》，把宗教艺术的产生，刻画得激动人心，富有现代精神。不管怎么说，这块土地上应该重新会聚那场人马喧腾、载歌载舞的游行。

敦煌莫高窟一景

（二）保护敦煌莫高窟

如此敦煌，如此莫高窟，足以让世人憧憬或者流连。每年，莫高窟景点接待游客数目及门票收入都在增加，数字让人亢奋，但游客数量逐年增多给莫高窟的保护和管理带来的问题却逐渐凸现出来。保护敦煌莫高窟，就是保护人类共同的财产。

在莫高窟有壁画和彩塑的 492 个洞窟中，面积在 100 平米以上的大型洞窟仅 18 个，10 平米以下的洞窟有 289 个，其中面积在 25 平米以下的洞窟占了洞窟总数的 83%以上。洞窟可承载的游客容量十分有限，一

保护人类的共同遗产

敦煌莫高窟壁画

旦超过莫高窟所能承受的游客极限，就将对壁画和塑像造成严重的破坏。由敦煌研究院提供的一组数据表明，40个人进入洞窟参观半小时，洞窟内二氧化碳将升高五倍，空气相对湿度上升100k，空气温度升高4℃。二氧化碳长时间滞留窟内以及窟内相对湿度增加，空气温度上升，都会侵蚀壁画，加速窟内已有病害的发展。目前，敦煌莫高窟492个洞窟几乎每个都存在不同程度的病害，这其中较为严重需要抢救修复的就达277个。敦煌研究院共有七支壁画抢修队，按每队抢救修复一个洞窟的时间为两年计算，把所有有病害的洞窟修

敦煌莫高窟

一遍需要一百年，而且一次的修复并不能一劳永逸，从目前来看，修好一个洞窟仅能维持十年左右。由于呼吸产生的二氧化碳对壁画会产生潜在性的破坏，近年造访莫高窟人数增加，因此对日常参观人数也应该加以限制。

在敦煌莫高窟的博物馆院子里横放着一块石碑，上面是中国现代历史学家陈寅恪的题词"敦煌者吾国学术之伤心史也"。站在莫高窟标志性建筑物"九层楼"前，听着敦煌研究院讲解员兴奋地描述2000年当地政府在莫高窟前举行的"庆祝藏经洞发现100周年"活动隆重的场面，忽然想起斯坦因这

敦煌莫高窟一景

保护人类的共同遗产

113

个掠夺敦煌艺术品的文物盗贼，在自己的自传《发现藏经洞》中的一段记述："有一大批古代写卷等待着去被发现的念头，像一块巨大的磁石一样吸引着我重返千佛洞……幸运的是，在当时还没有人知道这些文物的真正价值。" 斯坦因得手了，现在大英博物馆里那近一万四千件来自敦煌的藏品，大部分是靠他两次去敦煌洗劫得来的，要知道，目前中国仅剩敦煌藏品八千余件。比较具有讽刺意味的是，距1907年斯坦因洗劫莫高窟已有百余年，然而遗憾的是，当地并没有进行过任何相关的纪念活动。

敦煌莫高窟一景

敦煌莫高窟

敦煌研究院

虽然早在 20 世纪初就有罗振玉、王国维、刘半农等人在北京、伦敦、巴黎等地收集、抄录敦煌文献，但对莫高窟的真正保护开始于 20 世纪 40 年代。1941 年至 1943 年著名画家张大千对洞窟进行了断代、编号和壁画描摹。1943 年，国民政府将莫高窟收归国有，设立敦煌艺术研究所，由常书鸿任所长，对敦煌诸石窟进行系统性的保护、修复和研究工作。1950 年，研究所改名为敦煌文物研究所，依然由常书鸿主持。到 1966 年以前，已加固了约四百个洞窟，抢修了五座唐宋木构窟檐，并将周边十余平方公里划定为保护范围。

正在修复壁画的美术工作者

1984 年，中国政府进一步将敦煌文物研究所升格为敦煌研究院，充实了科技力量，开展治沙工程，积极利用数字化技术和其他技术来加强保护工作。多年来，已发展成为一个主要从事石窟文物保护研究，融壁画、塑像修复及工程加固为一体的科研实体。保护所下设环境研究室、分析研究室、修复技术室、档案信息资料室、图像处理研究室、文物保护技术服务中心，并设有敦煌研究院保护所与美国盖蒂保护所、与日本东京国立文化财产研究所、与

几十年来，敦煌研究院的专家从没停止过对莫 高窟石窟的修复

日本大阪大学合作项目研究实验室等机构。几十年来敦煌研究院完成了敦煌三座石窟的加固工程，及壁画、彩塑的修复、加固。同时协助完成或正在完成新疆、青海、甘肃、河南、宁夏、西藏、浙江等省的壁画、彩塑修复及土遗址加固工程等数十项省内外重大文物保护维修项目。1993 年，敦煌研究院同美国盖蒂保护所、中国文物研究所成功地举办了"丝绸之路古遗址保护国际学术会议"。受联合国教科文委员会资助和国家文物局的

保护人类的共同遗产

保护莫高窟是我们义不容辞
的责任

敦煌莫高窟泥塑

委托，举办了"中国石窟文物保护研究培训班"。2000年，又受国家文物局的委托，举办了"土遗址保护培训班"。敦煌研究院保护研究所将立足敦煌，面向全国石窟及壁画、土遗址，放眼世界，继续加强同国内外的合作与交流，抓住西部大开发这个难得的发展机遇，为保护人类文化遗产作出自己新的贡献。

敦煌莫高窟